AF374807

Este libro
pertenece a:

AGRADECIMIENTOS

A mis hijos Abby, Mahonri y Moroni, gracias por enseñarme lo que es el amor verdadero. Abby y Mahonri, su paciencia, empatía y el cuidado que le brindan a su hermanito Moroni han tocado profundamente mi alma. A Moroni, gracias por ser un ángel en nuestras vidas.

A mi esposo Jorge, gracias por siempre darme alas para volar y por tu amor incondicional. Te amo.

Puedes encontrar este libro en su versión en inglés con el título: 'My Brother Doesn't Speak, But His Heart Does'.

Escrito e ilustrado por
Gabby Cornelio

¡Hola! Soy Maho, tengo 7 años, me encanta jugar con mi familia y tenemos una misión cada día, ya que en mi hogar tenemos a alguien especial, un hermano que no es como los demás, no puede hablar, pero nos enseña a amar más y más.

Él se llama Momo, es mi hermano que no puede hablar, no entiendo por qué no lo puede hacer, yo le pregunto a mi mamá una y otra vez. A veces es difícil entender, pero cuando Momo me sonríe, sé que todo va a estar bien.

Con Momo y los imanes me gusta jugar; juntos inventamos y nos ponemos a crear. Los dos disfrutamos de un tiempo especial...

Pero Momo comienza a gritar, me confunde su voz, no sé qué puede significar.

A veces no entiendo por qué Momo llora tanto y sin parar. Yo le paso una y otra cosa sin adivinar; a veces, yo también quiero gritar porque no sé cómo lo puedo ayudar.

Mamá me dice que como Momo no habla, siente mucha frustración, y es por eso que llora con explosión,

pero hay algo que lo tranquiliza: un abrazo de mamá, que como magia, le da una sonrisa.

Estoy en mi cuarto cantando y me distraigo; algo está pasando.
Grrrr
no es un león,
ni tampoco un tiburón,
ni el ruido de un avión,
es Momo cantando con emoción.

En el sillón, Momo y yo estamos listos para descansar;
él toca mi mano, algo quiere señalar.

No sé qué es, me siento un poco perdido; él intenta
expresarse haciendo solo ruidos.

Momo jala mi mano y señala el refrigerador; sentimos el frío y el rico olor. Momo busca lo que quiere y me señala con emoción.

Encontré lo que Momo quería. ¡Qué momento especial! Me siento el campeón de esta misión. Ayudar a Momo me hace sentir como un ganador.

Cuando cae la noche, sé lo que quiere comunicar; en su cama, Momo las manitas comienza a levantar.

Dice "leche" con señas, claro y sin hablar; así lo entiendo fácil, y podemos descansar.

Mamá me dice que aprender señas es genial, para comunicarme con Momo será especial. Con este lenguaje, no hay que hablar y así podremos entendernos más.

Escucho a Mamá, ella repite y repite sin parar, esperando que Momo pueda "Mamá" pronunciar. Momo grita "¡Aaaaaaaaah!" y luego de muchos intentos, exclama "Mamá".

Mi cumpleaños es en febrero y, para ser sincero, solo tengo un gran deseo. No me interesa el dinero, ni algo para jugar, ni regalos que pueda ir a comprar.

Mi único deseo, lo que quiero de verdad, es
que un día mi hermano y yo podamos platicar.

Aunque mi hermano no hable, yo sé que quiere decir;

No solo con palabras se puede comunicar;

Aunque no es clara su voz, entendemos su corazón,
pues cada gesto y caricia de Momo es una expresión de amor.

Anexo del cuento:
Actividades y recursos para padres, familiares y amigos.

Anexo del Cuento: Recursos y Actividades

Actividades para los padres:

Es posible que hayas llegado a este cuento porque estás viviendo una situación similar o conoces a alguien cuyo hijo no habla, por lo que este recurso ha sido diseñado pensando en ti y en tu familia. Aunque no tenemos todas las respuestas, compartimos ideas basadas en nuestras experiencias como madre y especialista en neurodesarrollo, con el objetivo de ayudar a mejorar la comunicación y aliviar la frustración que pueda surgir.

¿Cómo fomentar las habilidades de comunicación y lenguaje en tu hijo?

1. Busca momentos de interacción visual: Si tu hijo aún no habla, recuerda que te escucha. Modula tu tono de voz y habla con claridad, aunque solo responda con ruidos. Esta interacción es importante para su desarrollo.
2. Habla sobre emociones: Expresa cómo te sientes para que tu hijo aprenda a identificar y normalizar las emociones, lo que favorece su empatía y expresión emocional.
3. Proporciona experiencias sonoras: Usa instrumentos musicales, imita sonidos y reconoce los sonidos cotidianos. Esto no solo ayuda con el lenguaje, sino también con la autorregulación emocional y conductual.
4. Ayuda a identificar sus sonidos: Refleja lo que crees que siente tu hijo con frases como "Parece que te sientes frustrado" o "Parece que disfrutas de esto", incluso si no responde de inmediato.
5. Usa expresiones faciales y distintos tonos de voz: Practica frente a un espejo si es necesario. Tu hijo aprende observándote, y la congruencia entre lo que dices y cómo lo dices facilita su comunicación.
6. Fomenta la alimentación adecuada: Morder y masticar favorece el desarrollo muscular necesario para el lenguaje. Limita el uso del chupón y fomenta la lactancia para mejorar la maduración orofacial.
7. No adivines lo que tu hijo quiere: A partir de los 9 meses, modela cómo pedir cosas para que el niño aprenda a usar palabras como "agua" o "leche".
8. Corrige de forma positiva: Cuando tu hijo se comunique incorrectamente, parafrasea lo que quiso decir y anímalo a intentarlo de nuevo. El lenguaje se desarrolla a través del ensayo y error.

¿Qué hago si mi hijo tiene una condición genética o biológica que impide el habla?

Es importante que conozcas bien las características de su condición y su pronóstico. Esto te permitirá tomar decisiones informadas sobre su cuidado, su comunicación y su desarrollo.

Se recomienda realizar una evaluación completa de su neurodesarrollo para identificar qué áreas están comprometidas. Recuerda que el habla no es la única forma de comunicación. Existen otros métodos que puedes enseñar a tu hijo para que se comunique de manera efectiva. Aquí algunos ejemplos:

1. Lenguaje de señas: Es un lenguaje visual y gestual que puedes enseñar a tu hijo con palabras simples como "dar", "quiero", "hambre" o "sueño", y también palabras relacionadas con emociones como "felicidad" o "tristeza".
2. Pictogramas: Son símbolos gráficos que representan palabras o acciones. Pueden usarse en casa para establecer rutinas o comunicar necesidades básicas. También puedes utilizarlos para identificar espacios en la casa o señalar el peligro en determinados lugares.
3. Tableros de comunicación: Son herramientas personalizadas que permiten al niño comunicarse mediante fotos, pictogramas o palabras. Puedes crear un tablero físico o usar tecnología, como una Tablet, para ayudar a tu hijo a expresar sus necesidades y emociones.

Estos recursos no solo facilitarán la comunicación de tu hijo, sino que también le brindarán una forma efectiva de interactuar con el mundo que lo rodea, reduciendo su frustración y promoviendo su desarrollo emocional y social.

Actividades para familiares y amigos:

¿Cómo estimulo a mi hijo a comunicarse con un niño con dificultades del habla?

Explícale que todas las personas somos diferentes, y que eso está bien porque nos hace únicos y especiales. Hay diversas formas de comunicación, como hablar, hacer señas, escribir, dibujar o expresarse a través de la música.

Ayúdalo a comprender esto mediante historias sociales, como por ejemplo:
- La ardilla de *La Era del Hielo* nunca habló, pero nos hizo reír con sus expresiones de hambre y necesidad de la bellota.
- R2-D2 de *Star Wars* solo hacía sonidos, y aun así, todos entendían lo que quería.

Practiquen juegos que desarrollen la empatía:
- Expresar sentimientos o frases con señas y que los demás adivinen.
- Presentarse o expresar emociones mediante sonidos o dibujos sin usar palabras.

Este recurso ha sido elaborado con la valiosa orientación de Nora Elicema Velázquez Félix, Maestra en Rehabilitación Neurológica, quien ha compartido su experiencia para apoyar el desarrollo de niños con dificultades en el habla.

🌼 Anexo del Cuento: Carta de la Autora 🌼

Hola, soy Gabby, la mamá de Maho y Momo.

Quiero agradecerte por escoger este cuento, que es nuestra historia. En él comparto lo que viven mis niños con su hermanito Momo día con día. Aunque los desafíos pueden ser a veces frustrantes y difíciles, también son bellos y profundamente satisfactorios, ya que nos unen como familia y nos permiten tener más empatía hacia los demás. El progreso de mi hijo Momo ha sido asombroso, y mucho de ello se debe a nuestra labor como padres: saber cómo estimularlo, encontrar los recursos adecuados para su desarrollo y aplicar lo aprendido día a día.

Quiero felicitarte por el trabajo que estás haciendo y animarte a seguir buscando las herramientas necesarias para el progreso de tu hijo. Existen muchos recursos disponibles que pueden ayudarte. Uno de ellos es la **intervención temprana en la infancia** (ECI, por sus siglas en inglés), que implica brindar atención a los niños durante las primeras etapas de su vida para fomentar el máximo desarrollo de sus capacidades físicas, cognitivas y emocionales, a través de programas estructurados que abarcan todos los aspectos del desarrollo humano.

Otra herramienta importante es la **terapia miofuncional** (TMF), un tratamiento que combina ejercicios de fisioterapia y respiración para mejorar problemas relacionados con el habla, la masticación, la respiración y la deglución. Esta terapia es fundamental para aquellos niños que enfrentan dificultades con los músculos orofaciales, que son esenciales para estas funciones básicas.

Si tu hijo aún no habla, te animo a explorar estos recursos y buscar la ayuda de profesionales en estas áreas, ya que pueden hacer una gran diferencia en su desarrollo.

Recuerda, el trabajo de ser padre es un viaje maravilloso, con altos y bajos, y la clave es tener mucha paciencia, empatía y amor. Así que no te rindas. *¡Lo estás haciendo increíble!*

Con cariño,
Gabby Cornelio